C000179267

VELFÆRD

»… Aarhus Universitetsforlags
utroligt vellykkede serie«

Søren Schauser,
Berlingske

TÆNKEPAUSER 1-50

FRIHED af Hans-Jørgen Schanz
NETVÆRK af Jens Mogens Olesen
MONSTRE af Mathias Clasen
TILLID af Gert Tinggaard Svendsen
LIVSHISTORIEN af Dorthe Kirkegaard
  Thomsen
FJENDSKAB af Mikkel Thorup
FOLK af Ove Korsgaard
DANMARK af Hans Hauge
NATUR af Rasmus Ejrnæs
VREDE af Thomas Nielsen
MYRER af Hans Joachim Offenberg
POSITIV PSYKOLOGI af Hans Henrik
  Knoop
KROPPEN af Verner Møller
KÆRLIGHED af Anne Marie Pahuus
ERINDRING af Dorthe Berntsen
HÅB af Bertel Nygaard
TID af Ulrik Uggerhøj
SANDHED af Helge Kragh
MENNESKET af Ole Høiris
MAGI af Jesper Sørensen
LOVEN af Gorm Toftegaard Nielsen
TERROR af Carsten Bagge Laustsen
LITTERATUR af Dan Ringgaard
ROMANTIK af Katrine Frøkjær Baunvig
FAMILIEN af Peter C. Kjærgaard
LYKKE af Christian Bjørnskov
UNIVERSET af Steen Hannestad
SPØRGSMÅL af Pia Lauritzen
GUD af Svend Andersen
SEX af Ditte Trolle
NYDELSE af Rasmus Ugilt
KORRUPTION af Mette Frisk Jensen

POLITIK af Michael Bang Petersen
TRO af Peter Lodberg
HJERNEN af Leif Østergaard
HJERTET af Diana M. Røpcke
VILJE af Søren R. Fauth
SPROG af Mikkel Wallentin
OVERVÅGNING af Anders Albrechtslund
SMAG af Susanne Højlund
TORTUR af Morten Dige
TEKNOLOGI af Kasper Hedegård Schiølin
EUROPA af Jørgen Møller
GAVEN af Anders Klostergaard Petersen
ALDER af Suresh Rattan
VIDEN af Kristian Hvidtfelt Nielsen
TAL af Henrik Kragh Sørensen
DEMOKRATI af Svend-Erik Skaaning
REFORMATIONEN af Bo Kristian Holm
VELFÆRD af Carsten Jensen

Velfærd

CARSTEN JENSEN

VELFÆRD

Tænkepauser 50
© Carsten Jensen 2017

Tilrettelægning og omslag: Camilla Jørgensen, Trefold
Forfatterfoto: Poul Ib Henriksen
Forlagsredaktion: Søren Mogensen Larsen
Bogen er sat med Dante og Gotham
Trykt på Munken Premium Cream hos Narayana Press

Printed in Denmark 2017

ISBN 978 87 7184 270 8

Tænkepauser
– viden til hverdagen
af topforskere fra

AARHUS
UNIVERSITET

FAGFÆLLE-
BEDØMT

/ I henhold til ministerielle krav betyder bedømmelsen, at der fra en fagfælle på ph.d.-niveau
er foretaget en skriftlig vurdering, som godtgør denne bogs videnskabelige kvalitet.
/ In accordance with requirements of the Danish Ministry of Higher Education and Science, the certification
means that a PhD level peer has made a written assessment justifying this book's scientific quality.

MIX
Papir fra
ansvarlige kilder
FSC® C010651

INDHOLD

**I DANMARK
ER
JEG FØDT**
6

**DEN GODE,
DEN ONDE
OG DEN SELVFEDE**
12

**KOMPROMISER,
KIRKEBØGER OG
KØDGRYDER**
22

**LÆNGE
LEVE
KLASSESAMFUNDET!**
35

**HVORDAN
SKAL DET HELE
DOG GÅ?**
47

I DANMARK ER JEG FØDT

UDE GODT, HJEMME BEDST

Hans ben var gået i forrådnelse, og hele kupéen stank kvalm-sødt. Jeg var steget på sammen med en håndfuld andre intetanende rejsende i New Yorks subway, og nu stod vi alle klemt sammen så langt væk fra den hjemløse med det rådnende ben, som vi kunne. Ved første stop skyndte alle sig ud, væk fra stanken. Jeg har aldrig set manden siden. Han er sikkert død.

Når jeg fortæller om min oplevelse i subwayen til mine danske venner og bekendte, udbryder de typisk: "Godt, vi bor i Danmark!". Og det er sandt – i Danmark ville manden ikke være overladt til at omkomme langsomt og uværdigt med tilfældigt forbipasserende som ufrivillige tilskuere. Han ville nok ikke engang være hjemløs.

Mødet med den hjemløse fandt sted i 2008. Syv år senere var jeg igen i USA, denne gang midt under primærvalgene, hvor amerikanerne skulle vælge præsidentkandidaterne for henholdsvis Demokraterne og Republikanerne. Hillary Clinton og Bernie Sanders kæmpede om at vinde Demokraternes primærvalg, og pludselig var Danmark på alles læber.

Under en af tv-debatterne faldt snakken nemlig på velfærd, og Sanders udtalte: "Jeg mener, vi bør se mod lande som Danmark, Sverige og Norge og lære af, hvad de har opnået for deres middelklasse". Hvortil Clinton svarede: "Men vi er ikke Danmark. Jeg elsker Danmark, men vi er Amerikas Forenede Stater".

Som dansker bliver jeg på én gang stolt og forundret over sådan en ordveksling. Stolt, fordi to prominente amerikanske politikere fremhævede den danske velfærdsstat som noget positivt. Forundret, fordi Clinton ikke bakkede op om Sanders' ønske om at lære af Danmark.

Men Clinton er ikke alene. Ja, faktisk er det Sanders' holdning, der skiller sig ud i USA. Går en amerikaner ind for velfærd til alle sine medborgere, er landsmændene hurtige til at kategorisere ham eller hende som *loony left* – en virkelighedsfjern venstreorienteret. Afstanden til Danmark er afgrundsdyb.

Vi danskere er så vant til velfærdsstaten, at det kan være svært at forestille sig landet uden. Ville Danmark overhovedet være Danmark, sådan rigtigt? Sammen med hygge og *Olsen-banden* er velfærd i hvert fald det, jeg først kommer i tanke om, når jeg skal forklare en nysgerrig udlænding, hvad Danmark er for et sted. Det er vores velfærdsstat, der gør os unikke.

Historierne om den hjemløse mand og Bernie Sanders bekræfter på den måde det, vi alle allerede vidste: Danmark er nu engang bare bedst. Her passer vi på hinanden, og her har "få for meget og færre for lidt".

Danmark *er* bestemt et godt sted at bo. Men vurderingen glider nemt over i en selvfedme, som ikke så godt tåler nærmere eftersyn. Selvfedmen, som jeg tillader mig at kalde den, består både i en tro på, at den danske velfærd er meget bedre end (næsten) alle andres, og at vores *motiver* er mere noble og ædle end andre nationers.

Hånden på hjertet, hvem tænkte ikke, da jeg beskrev den hjemløse med det rådnende ben og Clintons kolde afvisning af Sanders – "sikke da nogle egoister, de amerikanere er!". Desværre er virkeligheden mere kompliceret end som så.

EN SUCCESHISTORIE MADE IN DENMARK

Inden vi begynder at kigge os selv kritisk i spejlet, skylder jeg at slå fast, at den danske velfærdsstat er en succeshistorie. Danmark er et af verdens mest økonomisk lige lande. Den rigeste 1 % af befolkningen i USA tjener i disse år tre gange så meget som den rigeste 1 % i Danmark. Og ikke bare er de rige rigere i USA – flere er også fattige. Andelen af fattige er omtrent dobbelt så stor i USA som i Danmark.

Økonomisk lighed er ikke nødvendigvis et mål i sig selv. Men ligheden har nogle konsekvenser, som de fleste mennesker vil være enige i, er positive. Flere undersøgelser har for eksempel vist, at forældrenes indkomst og uddannelsesniveau betyder mere for børns fremtidige indkomst og uddannelsesniveau i USA end i Danmark.

Det er ikke så underligt, for en god uddannelse koster kassen *over there*. Et enkelt år på et godt amerikansk universitet kan løbe op i mere end 200.000 kroner – plus alle de øvrige leveomkostninger. Udskilningsræset begynder ovenikøbet lang tid før universitetet, når de bedrestilledes børn går på dyre privatskoler, mens resten må nøjes med det offentlige tilbud.

Der er naturligvis eksempler på dygtige amerikanere, der har klaret sig bedre end deres forældre. Men det er undtagelser, der bekræfter reglen. For langt de fleste amerikanere gælder følgende: Hvis de vil udleve den amerikanske drøm, må de tage til Danmark.

Uligheden i befolkningens sundhedstilstand er også mindre i Danmark end i USA. For et stort flertal af amerikanerne er sundhedsforsikringen en del af jobbet – og dem med den højeste løn får normalt også den bedste forsikring.

De guldrandede forsikringer giver stort set ubegrænset adgang til privathospitaler, genoptræning og dyr medicin, mens de dårligere forsikringer kun betaler for en mere skrabet service. Og hvis behandlingens pris overstiger forsikringsselskabets afsatte beløb, afbrydes forløbet, uanset at der er tale om alvorlig sygdom som kræft eller diabetes.

Selv amerikanere med en ganske god sundhedsforsikring kan altså komme galt af sted. Helt skidt er det, hvis de bliver fyret fra arbejdet. Sammen med jobbet ryger nemlig typisk også sundhedsforsikringen.

De uheldige, som ikke har en privat sundhedsforsikring, har Medicaid, der for offentlige midler tilbyder forsikring til bestemte udsatte grupper, eksempelvis fattige gravide kvinder. I 2010 øgede præsident Obama antallet af personer, som Medicaid dækker – en reform, der er gået over i historien som ObamaCare. Men selv når – og med Donald Trump som præsident snarere *hvis* – ObamaCare får fuld effekt, vil 23 millioner amerikanere fortsat være uden nogen form for forsikring.

FIRE SPØRGSMÅL

For de fleste danskere er det netop ligheden, som kendetegner den særlige danske velfærd. Vi har forholdsvist få fattige, og alle borgere har adgang til den samme hospitalsbehandling, uddannelse og folkepension. Men det er faktisk ikke kun ligheden, der sammen med de andre nordiske lande får Danmark til at skille sig ud.

Hvad der også er værd at bemærke, er, at det er offentlige institutioner, der overvejende leverer velfærden. Kommunerne driver børnehaver og plejehjem, regionerne står bag hospitalerne og så videre. Det er derfor, vi taler om velfærds*staten*.

For danskere er det helt naturligt at sætte lighedstegn mellem 'velfærd' og 'velfærdsstat'. Ofte bruger vi de to ord som synonymer uden at tænke på forskellen. Har du for eksempel lagt mærke til, at jeg indtil videre i kapitlet konsekvent har skiftet mellem 'velfærd' og 'velfærdsstat'?

Denne sammenblanding af velfærd og velfærdsstat er et afgørende kendetegn ved det danske samfund. Staten er en god ven, fordi den sørger for velfærden. I USA hylder borgerne i langt højere grad det private initiativ og betragter statens indblanding i deres liv med mistænksomhed.

Den danske velfærd er altså en succeshistorie, fordi den har skabt en høj grad af lighed og knyttet et unikt bånd mellem befolkningen og staten. Men det betyder ikke, at alt er rosenrødt.

I denne Tænkepause stiller jeg fire spørgsmål, som på hver sin måde belyser både de gode og de mindre gode sider ved den danske velfærd: Hvorfor bakker vi danskere op bag velfærds*staten*? Hvilke historiske begivenheder og personer har gjort det muligt at opbygge så nær forbindelse mellem stat og velfærd? Hvor meget velfærd får vi for vores skattekroner? Hvordan har det været muligt at kombinere velfærd med velstand – og hvordan ser fremtiden ud?

DEN GODE, DEN ONDE OG DEN SELVFEDE

VENSTRE FOR VELFÆRD!

"Vi betaler skat for at sikre et velfungerende velfærdssam-
fund. Men lige så afgørende for velfærdssamfundet er det
at sikre, at det kan betale sig at arbejde, og at vor konkur-
renceevne sikres i fremtiden".

Sådan forklarer Venstre på partiets hjemmeside,
hvorfor der er behov for at sænke skatten på arbejde, og
præsenterer sig samtidig som Danmarks liberale parti.
Det, vi skal lægge mærke til i citatet, er ikke, at Venstre
går ind for skattelettelser – det er nemlig god, gammel-
dags liberal politik. Nej, det er argumentet for skattelet-
telserne, vi skal være opmærksomme på: Velfærdsstaten
skal fremtidssikres. "Venstre for velfærd!", kunne partiets
slogan passende lyde.

Alle politiske partier bakker i dag op om velfærdssta-
ten. Fra Enhedslisten til Liberal Alliance, de to yderpoler
i dansk politik. De gør det afgjort på hver sin måde – de
er for eksempel rygende uenige om, hvordan skattesyste-
met skal indrettes – men der er konsensus om, at vi bør
bevare velfærdsstaten.

Når den liberale Anders Samuelsen vil sænke topskat-
ten eller Dansk Folkepartis nationalt sindede Kristian

Thulesen Dahl vil begrænse muslimernes indvandring, henviser de næsten altid til, at det er nødvendigt for velfærdsstatens overlevelse. Et gammelt ordsprog siger, at man skal forandre for at bevare. Nutidens danske politikere ville præcisere, at man skal forandre for at bevare velfærdsstaten.

Samuelsen, Thulesen Dahl og alle de andre danske politikere har vælgerne med sig. Den Danske Valgundersøgelse, som en lang række samfundsforskere gennem årene har bidraget til, har siden starten af 1970'erne spurgt vælgerne om deres holdninger til velfærdsstaten, og det er slående, hvor både stor og stabil opbakningen er. Et stort flertal mener, at politikerne bør opretholde velfærdsstaten i sin nuværende form. Ja, faktisk går mange danskere ind for, at politikerne skal bruge endnu flere penge på velfærden.

Det bedste udtryk for, hvor populær velfærdsstaten er, kom i 2016 med offentliggørelsen af den såkaldte Danmarkskanon over de vigtigste danske værdier. Mere end 325.000 danskere havde stemt på en af i alt 20 værdier såsom frihed, hygge, tillid og velfærd. Sidstnævnte endte som topscoreren – foran selveste friheden.

Vi elsker altså vores velfærdsstat. Men hvorfor egentlig? Hvis vi ikke havde så stor en velfærdsstat, kunne vi slippe meget billigere i skat. Når jeg fortæller amerikanere om det danske skattetryk, kigger de på mig med vantro i øjnene.

Ikke bare er skatten på arbejde ganske høj, men en lang række andre skatter og afgifter på alt fra fødevarer over biler til strømmen i stikkontakten gør samlet set Danmark til ét af verdens dyreste lande at bo i. Økonomer beregner skattetrykket ved at opgøre, hvor mange skatter vi alt i alt betaler som en del af bruttonationalproduktet. Her sniger Danmark ifølge den internationale økonomiske tænketank OECD sig ind på en førsteplads med hele 50,9 %. Populært sagt betyder det, at vi afleverer halvdelen af al den værdi, vi danskere producerer på et år, til skattevæsenet.

Med en lavere skat kunne vi selv bestemme, hvad vi ville spendere vores surt tjente penge på i stedet for at lade staten prioritere for os. I USA er skattetrykket eksempelvis blot 26 % eller halvdelen af det danske. De fleste af os tænker ikke på det til daglig, men vi kunne sagtens indrette Danmark helt anderledes, end vi gør i dag. Hvem ville egentlig ikke gerne slippe med en markant lavere skat?

Det er kort sagt ikke selvindlysende, hvorfor vi accepterer det høje skattetryk. Hvad er det, der gør, at vi kan leve med den form for 'skatteudplyndring', som rent faktisk finder sted? I min forskning er jeg stødt på tre mulige forklaringer: den gode, den onde og den selvfede.

DEN GODE

Mange hundred tusind danskere har prøvet det. At vente nervøst i kø på SKATs hjemmeside for at se, om man skal have penge tilbage eller – gys! – betale en restskat. Det sidste tilfælde er ikke sjovt, fordi det er en sur ekstraudgift, og megen suk og klage har lydt i den forbindelse.

Men det næsten magiske er, at langt de fleste af os per automatik accepterer SKATs dom. Jovist, det er ærgerligt, men at vi rent faktisk skylder penge i skat, sætter vi ikke spørgsmålstegn ved.

Det er den første forklaring: Danskerne accepterer et højt skattetryk, fordi tilliden til det offentlige ganske enkelt er større i Danmark end i de fleste andre lande.

Vi har god grund til at være tillidsfulde. Den offentlige sektor er nemlig stort set korruptionsfri i Danmark. Som danske borgere kan vi regne med at få den service, vi har krav på uden skelen til, hvem vi er i familie med, eller om vi er villige til at bestikke et par centralt placerede ansatte.

Det står i skærende kontrast til situationen i mange andre lande, hvor korruption er udbredt. Selv i velstillede europæiske lande som Frankrig og Italien kan kontakter og netværk være afgørende for den service, landets borgere får.

Desuden oplever vi, at velfærden bliver retfærdigt fordelt. For den danske velfærdsstat er *universel*. Det betyder, at alle borgere har ret til blandt andet hospitalsbehandling, uddannelse og folkepension. Så snart et nyt behov viser sig – fordi du er blevet syg, skal studere på universitetet eller flytte på plejehjem – har du automatisk adgang til mange af velfærdsstatens tilbud.

Det er helt anderledes uden for Skandinavien, hvor der ikke er en direkte sammenhæng mellem behov og hjælp. I USA får borgerne ofte kun hjælp, hvis de enten har en forsikring eller er gået helt i hundene – og måske ikke engang da. Tænk bare på den hjemløse mand med det rådne ben, jeg stødte på i New Yorks subway.

Den danske velfærdsstat er altså populær, fordi vi kan stole på, at tingene går nogenlunde ordentligt til. Dog bliver populariteten i disse år truet af forkerte ejendoms-vurderinger og skattesvindel. For mange skandaler om frås, dovenskab og bedrageri risikerer at underminere vores tillid til staten, men internationalt set har vi fortsat en meget høj grad af tillid til det offentlige.

Det, der gør Danmark specielt, er kort sagt den måde, staten fungerer på. Det er den 'gode' forklaring på vel-færdsstatens popularitet. Staten er indrettet fornuftigt, og derfor bakker befolkningen op. Den næste forklaring er ganske anderledes og langt mindre smigrende.

DEN ONDE

Hvert år i august gentages seancen på alle landets folke-skoler. Den første skoledag. Spændte børn og forældre i massevis møder op til blomster og saftevand, mens tv og aviser trofast rapporterer, som om der var noget nyt at melde. Selv husker jeg, hvordan jeg på min første skole-dag kunne både 'a', 'b' og 'c' i alfabetet, hvilket jo lovede vældig godt for fremtiden.

Den første skoledag er bestemt en stor dag for børne-familier, men den er også et symbol på, hvordan velfærds-staten er en del af hverdagen for os alle sammen. Fra vugge til grav er der velfærd på alle hylder. Kommende forældre går til forundersøgelser på hospitalet og får råd og dåd i hjemmet af sundhedsplejersker, børn kommer i vuggestue, børnehave og skole, mens ældre familiemedlemmer bliver passet på et af landets mange plejehjem.

Den danske velfærdsstat er langt hen ad vejen indrettet til middelklassen. Vugge til grav-velfærd hjælper middelklassen med at leve det gode liv med villa, Volvo og vovse. Folk lider af for mange penge eller for fine principper – begge dele er lige skidt – hvis de takker nej til velfærdsgaverne. Det gør langt de fleste da heller ikke.

Den 'onde' forklaring på velfærdsstatens popularitet er den simple, at vi danskere får noget ud af den. Vi elsker velfærdsstaten, fordi den sikrer, at vi kan leve det søde middelklasseliv uden en alt for stor indsats.

Der er noget om snakken. Jeg nævnte før, at flertallet af danskerne ønsker endnu flere penge til velfærden end i dag. Det er rigtigt, men med det forbehold, at der er langt større opbakning bag vugge til grav-velfærden end til den velfærd, der ikke går til middelklassen.

Kontanthjælpen, det sidste sikkerhedsnet under de allerfattigste borgere, er et godt eksempel. Her mener typisk kun omkring 20 % af befolkningen, at der skal flere penge til – og lige så mange af os vil sænke udgifterne. Helt anderledes svarer vi, hvis det gælder hospitaler, hjemmehjælp eller uddannelserne. I de tilfælde efterspørger 60-70 % af os flere penge, og resten vil fastholde udgifterne på deres nuværende niveau. Praktisk talt ingen går ind for færre udgifter.

Flere forskere har også afsløret en lidet smigrende tendens: Vi bakker primært op om den velfærd, som vi regner med selv at nyde godt af. Ældre danskere er for eksempel gladere for folkepensionen end yngre. Det er der ikke noget underligt i, men det sætter alligevel en tyk streg under, at støtten til velfærdsstaten ikke kun er drevet af ædle motiver. Men den erkendelse er jo ikke så god for vores selvbillede. Heldigvis er der en tredje og sidste forklaring tilbage. Den selvfede.

DEN SELVFEDE

Den sidste forklaring – den selvfede – fokuserer på danskerne som folkeslag.

Et folkeslag er en gruppe af mennesker, der deler etnisk oprindelse, sprog, kultur og historie. Vi danskere lever op til alle kriterierne og har gjort det, siden Danmark trådte ud af de historiske tåger engang for mere end tusind år siden. Spørgsmålet er så, om det betyder noget for vores velfærd? Er der noget ved os *som danskere*, der er unikt? Det er der nogle, der mener.

Det gjorde for eksempel 1800-tallets store danske digtere såsom Adam Oehlenschläger og N.F.S. Grundtvig. Ingen af dem skrev selvfølgelig om velfærdsstaten, for den opstod først lang tid efter, at de var lagt i graven. Men alligevel har de været med til at forme og inspirere de tanker, vi har om, hvem vi danskere er. Vi værdsætter lighed og stoler på hinanden. Grundtvig beskrev det smukt i sangen "Langt højere bjerge så vide på jord":

"Hos dansken dog findes det daglige brød
ej mindre i fattigmands hytte.

Og da har i rigdom vi drevet det vidt,
når få har for meget og færre for lidt".

Det nationalromantiske digteri påstår altså, at vi danskere
på et tidspunkt i vores historie har udviklet en særlig
lighedskultur. Måske fra bondebevægelsen og Grundtvig
i 1800-tallet, måske helt tilbage fra vikingetiden omkring
år 1000. Grundtvigs digt er vel under alle omstændighe-
der bevis på sådan en gammel lighedskultur, for den siger
jo: "Og da har i rigdom vi drevet det vidt, når få har for
meget og færre for lidt".

Men forklaringen holder ikke vand. I dag ved vi, at
den danske lighed er et nyt fænomen. For hundred år
siden tjente de rigeste borgere i Danmark omkring fire
gange så meget, som de gør i dag, sammenlignet med
resten af befolkningen. Og der var ikke nogen forskel
mellem de rigeste i Danmark og USA. Faktisk var de rige-
ste i Danmark en smule mere velhavende end de rigeste
amerikanere. Hvis der fandtes en lighedskultur var den i
hvert fald uden betydning for ligheden – og så er den jo
ikke meget værd.

Ideen om en særlig dansk lighedskultur har en vari-
ant, som betoner den høje danske tillid til andre men-
nesker – også dem, der ikke lige er familie eller venner.
Mere præcist kalder samfundsforskere det for 'social
tillid', og nogle af mine kollegaer spekulerer sågar i, at
den sociale tillid måske er et kendetegn ved os danskere,
der er flere århundreder gammelt.

Men endnu en gang må vi slå koldt vand i blodet.

Ganske vist er danskerne anno 2017 blandt de mest tillidsfulde mennesker i verden, men også det er et nyt fænomen. I 1979 indsamlede forskere for første gang videnskabelige data om niveauet af danskernes sociale tillid. Det år var den sociale tillid markant lavere i Danmark, end den er i dag. Mindre end halvdelen af danskerne mente dengang, at de i almindelighed kunne stole på andre mennesker. I dag er tallet 80 %.

I 1979 var den sociale tillid faktisk præcis lige så lav som i USA på samme tidspunkt. Hvis den høje sociale tillid er en del af Danmarks tusind år lange kulturhistorie, undrer jeg mig i hvert fald over, at den var så lav for mindre end 40 år siden. Og jeg finder det lige så mærkværdigt, at den sociale tillid åbenbart kan svinge op og ned over blot et par årtier. Arkæologer og historikere plejer ikke ligefrem at forbinde så store udsving med urgamle kulturmønstre.

OPSKRIFT PÅ EN PLUKKET SKATTEHØNE

Hvorfor finder danskerne sig i at blive plukket i skat år efter år? Det er der tre mulige forklaringer på. Den sidste – den selvfede, der påstår, at der er noget unikt ved os som danskere – holder ikke vand. De to andre spiller begge en rolle. Vi betaler skat med glæde – eller noget, der minder derom – fordi velfærdsstaten er en integreret del af hverdagen, hvor vi modtager hjælp, hvis vi har behov for den, og hvor de offentligt ansatte opfører sig helt efter bogen.

Sådan kan vi forklare velfærdsstatens fortsatte popularitet på trods af den høje skat. Men hvor kommer velfærdsstaten egentlig fra? Det er et godt spørgsmål. For hvis der ikke er noget særligt ved det danske folkeslag, hvorfor endte vi så med en velfærdsstat, som er så speciel? Eller omvendt: Hvorfor har resten af verdens lande ikke indrettet velfærdsstater, der ligner den danske?

KOMPROMISER, KIRKEBØGER OG KØDGRYDER

FRA KLASSEKAMP TIL BREDE FORLIG

De københavnske murersvende havde i lang tid strejket for at få deres arbejdstid sat ned fra 11 til 10 timer om dagen, men nu var strejkekassen ved at være tom. Arbejdernes leder, Louis Pio, indkaldte til folkemøde på Fælleden for at lave en støtteindsamling. Politiet, der var bange for en opstand, forbød folkemødet, men uden held.

Den 5. maj 1872 mødte tusindvis af arbejdere op på Fælleden, og politi og militær gik til angreb. Det blev blodigt. Vi kender ikke antallet af tilskadekomne blandt arbejderne, men hele 97 politifolk og soldater blev såret. Det var Slaget på Fælleden – og det er danmarkshistorie.

Slaget på Fælleden symboliserer begyndelsen på en ny tid, hvor de danske arbejdere ikke længere ville finde sig i at blive udnyttet. Det var et nej til lange arbejdstider for en ussel løn, og frem af 1870'ernes sociale uro voksede *arbejderbevægelsen* støt og roligt frem.

Arbejderbevægelsen kæmper næsten 150 år senere stadig for arbejdernes rettigheder. Den gør det ved at organisere arbejderne i fagforeninger som for eksempel LO eller 3F, der repræsenterer de ansatte over for arbejdsgiverne ude på virksomhederne. Når arbejderne på den måde står sammen, kan de strejke, hvilket gør det nemmere at kræve bedre forhold.

Før arbejderne organiserede sig, kunne en arbejdsgiver bare finde en ny mand til jobbet, hvis en arbejder brokkede sig over løn eller vilkår, men under en strejke vil ingen arbejde for ham. Fabrikken står tom, og arbejdsgiveren tjener ingen penge. Det kan få selv den styggeste kapitalist til forhandlingsbordet.

Året inden Slaget på Fælleden blev Socialdemokratiet grundlagt på initiativ af Louis Pio. Ligesom fagforeningerne kæmpede Socialdemokratiet for at forbedre arbejdernes vilkår, men igennem lovgivning. I lang tid stod partiet dog uden for indflydelse. Først i 1924 fik Danmark sin første socialdemokratiske regering med Thorvald Stauning som statsminister. Den første regering blev kortvarig, kun to år, men fra 1929 begyndte en 50 år lang storhedstid.

Danmark var dengang ikke det eneste land med en stærk arbejderbevægelse. Norge og Sverige havde for eksempel også store fagforeninger og socialdemokratier. Flere samfundsforskere har dokumenteret, at jo stærkere arbejderbevægelse, jo mere omfangsrig blev også den velfærd, som staterne leverede. Det er altså ikke nogen tilfældighed, at netop også Norge og Sverige har udviklet sig til velfærdsstater, og at de samme forskere taler om en skandinavisk velfærdsmodel.

Men vi kan ikke nøjes med at takke den danske arbejderbevægelse for den velfærd, vi nyder godt af i dag. For nok var arbejderbevægelsen stærk, men den var ikke enerådig. Fagforeningerne blev aldrig så magtfulde, at de kunne tvinge arbejdsgiverne til at gøre, som de ville, og Socialdemokratiet opnåede aldrig flertal i Folketinget.

Tættest på kom partiet ved folketingsvalget i 1935 med 46,1 % af stemmerne, hvilket er flot, men ikke flot nok, hvis man vil bestemme det hele selv. Så arbejderbevægelsen var henvist til at indgå det ene kompromis efter det andet med sine politiske modstandere, som ikke mindst talte Venstre og Det Konservative Folkeparti.

Det første store kompromis var Septemberforliget af 1899. Forliget kom i stand efter danmarkshistoriens største arbejdsmarkedskonflikt: Mere end halvdelen af de organiserede arbejdere var gennem 100 dage blevet lockoutet af arbejdsgiverne, dvs. havde fået besked på at blive væk fra arbejdet, indtil de ville acceptere arbejdsgivernes vilkår. Men hverken fagforeningerne eller arbejdsgiverne ville give sig.

I stedet endte arbejdsgiverne med at anerkende fagforeningerne som arbejdernes lovlige repræsentanter, mens fagforeningerne omvendt accepterede arbejdsgivernes ret til at lede og fordele arbejdet. Septemberforliget blev prototypen på den måde, som det danske arbejdsmarked i store dele af 1900-tallet kom til at fungere på og stadigvæk gør det i nogen grad i dag: Arbejdsmarkedets parter *forhandlede* direkte med hinanden, uden at politikere og embedsmænd blandede sig.

Og så spoler vi let hen over de næste nogle og 30 år. Mere præcist frem til Kanslergadeforliget i 1933. Økonomien var elendig, fordi landbruget – dengang Danmarks vigtigste erhverv – ikke længere eksporterede så meget bacon og andre landbrugsprodukter til Storbritannien. Det havde negative konsekvenser for hele samfundet: Arbejdsløsheden tårnede sig op, mens fattigdommen slog nye bundrekorder.

I Tyskland var krisen lige så dyb, og Adolf Hitlers Naziparti vandt i disse år den ene valgsejr efter den anden, fordi de andre tyske partier fremstod handlingslammede og inkompetente. Hvis ikke de demokratiske partier i Danmark kunne løse krisen, kunne det skabe grobund for en tilsvarende udvikling. Det demokratiske Danmark stod på afgrundens kant.

I den situation indgik Staunings socialdemokratisk ledede regering et forlig med Venstre, der repræsenterede landbruget. Landmændene fik hjælp til at sælge deres produkter billigere i Storbritannien, ved at Stauning sænkede kronens værdi, hvilket gjorde de danske varer billigere at købe for englænderne. Til gengæld fik socialdemokraterne en række indrømmelser, der gav velfærdsstaten et stort løft. Som Stauning bagefter udtalte: "Vi har ofret nogle principper, men vi har reddet landet!".

23 år senere, i 1956, indgik de danske politikere et tredje kompromis, denne gang om en folkepension. Efter Anden Verdenskrigs afslutning mente Det Radikale Venstre, at den daværende alderdomspension skulle forbedres. Socialdemokratiet med Hans Hedtoft og senere H.C. Hansen i front bakkede op, men med det vigtige forbehold, at forbedringerne kun skulle komme de fattigste

borgere til gavn. Læs mellem linjerne: Socialdemokratiets egne vælgere, arbejderne.

Venstres og Det Konservative Folkepartis folketingsmedlemmer ville naturligt nok ikke stemme for en udvidelse, som ikke kom deres vælgere til gode. Og deres opbakning var nødvendig for at fremtidssikre ordningen og undgå, at de to partier ændrede den, næste gang de vandt regeringsmagten. Resultatet blev folkepensionen, hvor alle danskere over 67 år – uanset indkomst og formue – var garanteret et mindstebeløb samt et tillæg til de fattigste.

Septemberforliget, Kanslergadeforliget og forliget om folkepension er afgørende grundsten i den danske velfærd. Alle tre er de udtryk for, at den danske arbejderbevægelse har været stærk nok til at sætte dagordenen, men ikke stærk nok til enerådigt at bestemme indholdet. Resultatet er blevet en helt særlig konsensus, hvor også de borgerlige partier bakker op omkring velfærdsstaten.

RODES OVERORDENTLIGE KOMMISSION

0, 8, 1, 0, 8, 0 – og så afslører jeg ikke mere, for det er mit CPR-nummer, det drejer sig om. Alle danskere har et CPR-nummer. Det er den nøgle, som offentligt ansatte bruger til at koble hver enkelt af os til en mængde databaser med informationer om alt fra vores adresse, til hvilke behandlinger vi har fået i sundhedsvæsenet. Af samme grund holder jeg resten af mit CPR-nummer for mig selv, mens gavflaben Kim Larsen selvfølgelig offentliggjorde sit på pladen *231045-0637* i 1979.

CPR-nummeret kom til verden i 1968 som et redskab til at skabe en bedre velfærdsstat. Eller rettere – til at skrabe endnu flere skattekroner ind til at betale for velfærden. Kodeordet er kildeskat. Før 1968 fik danskere hele lønnen udbetalt, uden at regnskabsdamerne forinden havde fratrukket skatten.

Når året så var gået, skulle hver enkelt borger beregne, hvor meget han eller hun alt i alt var endt med at skylde – og betalte så af på sin skattegæld det næste år. Det var et håbløst system.

For det første var det et utroligt kompliceret regnestykke for menigmand. Hver borger skulle selv holde styr på sine indtægter og fradrag over et helt år og så beregne sin skat. For det andet fordi det gav gode muligheder for at snyde i skat, da det var svært at tjekke, hvad hver enkelt borger havde tjent.

Kildeskatten, som den konservative finansminister Poul Møller introducerede i 1970, løste problemet. Fra da af trak regnskabsdamerne skatten fra, inden de udbetalte løn til sig selv og deres kollegaer. Det kunne kun lade sig gøre, hvis skattevæsenet havde fuldstændig styr på, hvorhenne hr. Hansen arbejdede, og hvor meget han tjente. Ellers kunne SKAT ikke vide, om hr. Hansen havde betalt skat eller ej. Den dag i dag er CPR-nummeret derfor den lim, der binder lønkontoret på landets arbejdspladser sammen med SKATs it-systemer.

CPR-nummer, kildeskat – det lyder gråt og trist. Men de er på mange måder de ypperste symboler på den danske stats evne til at løse komplicerede problemer – og gøre det så effektivt, at vi i dag overhovedet ikke skænker dem en tanke.

CPR-nummeret er tilmed kulminationen på en meget lang udvikling. I 1646 gav kong Christian den 4. alle landets præster påbud om at føre en kirkebog over deres sogns døbte, trolovede, gifte og døde. Dengang var 'det offentlige' ikke værd at skrive hjem om. Ofte var den eneste offentligt ansatte i miles omkreds netop præsten.

Vi skal frem til starten af 1900-tallet, før tingene for alvor begynder at ændre sig. Første Verdenskrig blev et vendepunkt. Der var mangel på alt, også i Danmark, og staten lavede derfor omfattende rationeringer af alt fra kaffe til maskindele. Det krævede en gennemgribende detailstyring. Politikerne med den radikale indenrigsminister, og senere redaktør af Politiken, Ove Rode i spidsen oprettede derfor Den Overordentlige Kommission til at styre reguleringen. Selv om detailstyringen var upopulær, vænnede befolkningen sig til, at staten greb ind for at løse samfundets problemer.

Mange andre lande gennemgik nogenlunde samme udvikling. Men i Danmark gjorde der sig nogle særlige forhold gældende. Først og fremmest blevet landet i mange årtier ledet af partier, der repræsenterede folkebevægelser.

Vi har allerede mødt arbejderbevægelsen, som Socialdemokratiet repræsenterede. Den anden store folkebevægelse i danmarkshistorien er *bondebevægelsen*, repræsenteret af Venstre og Det Radikale Venstre. Fra 1901 og indtil 1982 kom alle statsministre fra ét af de tre partier. Otto Liebe og M.P. Friis er undtagelserne, der bekræfter reglen, men deres regeringer varede tilsammen kun en enkelt måned i foråret 1920.

Kong Christian den 10. havde været meget utilfreds med den politik, som den radikale statsminister C.Th. Zahle, der havde siddet siden 1913, førte. Ikke mindst var kongen fortørnet over, at Zahle ikke ville udnytte Tysklands svækkelse efter Første Verdenskrig til at indlemme Flensborg i Danmark sammen med det øvrige Sønderjylland.

I påsken 1920 fyrede kongen derfor Zahle og indsatte sin egen advokat, Otto Liebe, som statsminister. Der udbrød ramaskrig, og Liebe måtte trække sig allerede efter syv dage. Han blev erstattet af embedsmanden Friis, hvis eneste rolle var at holde statsministertaburetten varm indtil næste valg.

Men det var en danmarkshistorisk sidebemærkning; lad os komme tilbage til arbejder- og bondebevægelsen, som var sammenslutninger af almindelige danskere. Og det drejede sig ikke kun om politik. Begge bevægelser opbyggede højskoler, sports-, brugs- og alt muligt andetforeninger. Arbejderbevægelsen havde endda en begravelsesforening, mens de mere religiøse bønder foretrak kirken til netop dét formål. Derfor kæmpede Socialdemokratiet, Venstre og Det Radikale Venstre helt naturligt også for at bevare og om muligt udbygge foreningslivet. Staten måtte ikke komme til at fylde hele tilværelsen for borgerne.

Vi danskere er stadigvæk nogle af verdens mest foreningsbegejstrede mennesker. 1,9 millioner danskere deltager i dag jævnligt i frivilligt arbejde. Mange giver en hånd med i den lokale sportsklub, men der er også flere hundred tusind frivillige i sociale foreninger som Børns Voksenvenner, Kirkens Korshær, Høreforeningen, Røde Kors og Ældre Sagen. Det er foreninger, der varetager vigtige velfærdsopgaver, typisk for de svageste borgere i samfundet. Det er lidt af en bedrift, at en så stor velfærdsstat som Danmark samtidig har så mange borgere, der er aktive i frivillige foreninger.

Også på andre velfærdsområder spiller staten en begrænset rolle. A-kasserne, der udbetaler dagpenge til arbejdsløse, er eksempelvis styret af fagforeningerne, som indtil 2009 også havde ansvaret for at formidle nye jobs til ledige a-kassemedlemmer. Arbejderbevægelsen varetager ganske enkelt flere af statens opgaver.

DEN STORE FLUGT FRA KØDGRYDERNE

"Tiden er kommet til at skabe rammer for et arbejdsmarked, der giver mere plads og rum for hensyn til familien. Alt for mange børnefamilier lever i dag et hektisk liv, nogen måske mere hektisk end godt er. Vi har alle set unge forældre – oftest er det jo moderen – komme cyklende til daginstitutionen i det tidlige morgenmørke, med de små søvndrukne bag på cyklen".

Citatet er fra en statsministers nytårstale. Kan du gætte hvilken? Jeg indrømmer, at det er svært, for det kunne være de fleste – fra den ærkesocialdemokratiske Anker Jørgensen til venstremanden Lars Løkke Rasmussen.

Citatet afdækker nemlig et par af de mest centrale elementer i den danske velfærd.

For det første, at kvinderne er en del af arbejdsmarkedet. De har et job at tage sig af – derfor er moderen ude at cykle i den tidlige morgen. For det andet, at vi har daginstitutioner til at passe børnene, mens mor og far er på arbejde – derfor er barnet bag på cyklen.

I Danmark går mere end 90 % af de 1-3-årige børn i en eller anden form for daginstitution. Langt de fleste er der i 30 timer eller mere om ugen. Det er verdensrekord. Selv norske og svenske forældre spenderer mere tid med deres børn end danske.

I størstedelen af Europa går mange børn endda hjemme hos mor, indtil de skal i skole som seks-syvårige. Det kan måske være fint for barnet, men det betyder, at mødrene typisk må melde sig ud af arbejdsmarkedet, når de får børn. Hvis familien ender med at få to-tre børn, kan pausen hurtigt løbe op i ti år eller mere.

Hvad værre er: Pausen sker præcis på det tidspunkt, hvor kvinderne starter deres karriere. Når de er klar til at vende tilbage til arbejdsmarkedet, har de stort set ingen erhvervserfaring, og deres uddannelse er efterhånden forældet, hvis de da nåede at blive færdiguddannede. Kvinderne ender derfor ofte med at gå hjemme resten af livet eller tage til takke med ringe deltidsjobs. Sat på spidsen: Børnepasning er afgørende for at skabe ligestilling mellem kønnene på arbejdsmarkedet. Men hvordan er Danmark endt i denne helt særlige situation. Svaret er den helt rette *timing*.

Fra 1958 til 1973 oplevede Danmark det største og længste opsving nogensinde. Økonomien voksede med gennemsnitligt 5 % hvert år, vækstrater, vi ikke har set magen til siden. Arbejdsløsheden var rekordlav, og virksomhederne skreg på arbejdskraft.

Jens Otto Krag, der var statsminister i det meste af 1960'erne, indså hurtigt, at de hjemmegående kvinder var løsningen. Hvis bare nogle af dem tog et job, ville Danmark ikke længere mangle arbejdskraft. Krag nedsatte en kommission til at finde ud af, hvordan kvinderne kunne hjælpes ud på arbejdsmarkedet. Kommissionen konkluderede hurtigt, at børnepasning var svaret på nær sagt alle Krags bønner, og fra midten af 1960'erne begyndte antallet af daginstitutionspladser at stige. Det blev efterhånden mindre besværligt at få job og familieliv til at gå op i en højere enhed.

Men der skal to til en tango. Behovet for kvindernes arbejdskraft eksploderede, netop som en kulturrevolution rullede hen over landet og udfordrede de traditionelle kønsroller. Det blev normalt for kvinder at ville have en god uddannelse og et fint job. I 1955 udgjorde kvinderne kun lige godt 10 % af alle de nyuddannede fra universiteterne. 20 år senere var det tal næsten tredoblet. I samme periode steg andelen af udearbejdende kvinder i alderen 15-69 år med omtrent 50 %.

Krag og en række andre politikere særligt fra venstrefløjen skubbede i 1960'erne på denne udvikling, og mange kvinder greb friheden med kyshånd. Unge familiefædre og -mødre krævede endda endnu flere dag-

institutionspladser og endnu bedre forhold for børnefa-
milierne. Vuggestuer, børnehaver, barsel, forældreorlov,
barnets første sygedag blev en del af den danske kerne-
velfærd – og er det fortsat den dag i dag.

I lande som Tyskland og Italien var det i 1960'erne
og 1970'erne uacceptabelt, at kvinderne ville væk fra
kødgryderne. Kirken spillede stadigvæk en stor rolle,
og regeringsmagten tilhørte ofte kristendemokratiske
partier, som kæmpede for at bevare de traditionelle dyder.
Kernefamilien med en udearbejdende far og en hjem-
megående mor skulle beskyttes for enhver pris. Selv om
traditionerne betyder mindre i dag, end de har gjort, fast-
holder mange sydeuropæiske familier den hjemmegående
husmor som et ideal. Resultatet er begrænsede børnepas-
ningstilbud med en ringere ligestilling som konsekvens.

Nå ja – svaret på citatquizzen: Det var Poul Nyrup
Rasmussen.

HISTORIEN OM ET SAMMENREND AF TILFÆLDIGHEDER

De fleste danskere kender brødrene Grimms eventyr om
Guldlok. Mens de tre bjørne er ude at gå en tur, smager
Guldlok, som tydeligvis er ret sart, først på den ene grød,
der er for varm. Så på den anden, der er for kold. Og så
den tredje, der er helt tilpas. Så prøver hun stolene: For
hård! For blød! Perfekt! Og efter sådan at have spist og
daset bliver hun så behageligt søvnig:

"Til sidst kom hun op i bjørnenes soveværelse. Der stod

tre dejlige senge. Guldlok kunne slet ikke lade være
med at prøve dem. Først lagde hun sig i den store seng,
men den var alt for stor, så lagde hun sig i den mellem-
store seng, men der var alt for mange puder. Til sidst
lagde hun sig i den lillebitte seng, og den var noget så
dejlig at ligge i – så dejlig – at hun faldt i dyb søvn!"

Eventyr er gode at få forstand af, men de færreste er nok
klar over, at man kan blive klogere på den danske vel-
færdsstats historie ved at læse Guldlok. Men det kan man.

For nøjagtig som i eventyret er velfærdsstaten skabt
af nogle helt unikke betingelser, hvor der hverken var for
lidt eller for meget, men lige tilpas. En stærk, men ikke
for stærk arbejderbevægelse, en stærk, men ikke for stærk
stat og endelig den helt perfekte timing mellem dan-
markshistoriens største opsving og kvindernes frigørelse.
Ingen af de tre betingelser kan alene forklare, hvorfor vi
har den form for velfærd, som vi har i dag. Alle tre skal i
spil, før vi får et dækkende billede.

Den danske velfærdsstat er unik – om end den minder
en del om den norske og svenske. Men grunden til, at vi
har vores næsten unikke velfærdsstat, er ikke, at vi dan-
skere er et helt særligt folkeslag, eller at én eller anden ge-
nial politiker besluttede sig for, at sådan skulle det være.
Det er mere et sammenrend af historiske tilfældigheder.

Men det er alt sammen fortid. Det er nutiden, der
gælder. Uanset hvordan vi er endt, hvor vi er, er resul-
tatet af velfærdsstaten jo fantastisk: lighed, lykke og
harmoni. Eller hvad?

LÆNGE
LEVE
KLASSESAMFUNDET!

EN GÅTUR I AARHUS

Jeg har boet i Aarhus i en del år efterhånden. Det er en
dejlig by og god at gå tur i. Fra hvor jeg bor i centrum
ved Godsbanen, kan jeg komme rundt i stort set hele
byen i løbet af et par timers frisk vandring. Mod syd igen-
nem Frederiksbjerg, ned til Marselisborg og vandet. Mod
nord via latinerkvarteret til Trøjborg og, med et sæt gode
ben, helt til Risskov. Eller ud langs Brabrandsøen og i et
stort sving op forbi Gellerupplanen og hjem igen.

På sådan en tur får jeg ikke bare frisk luft. Men også
en rundtur i det danske klassesamfund. For tag ikke fejl.
Klasserne lever i bedste velgående i Danmark – og hvor
og hvordan vi danskere bor, fortæller en masse om vores
økonomiske situation og levevilkår generelt.

Det lyder måske som lidt af et paradoks: Vi har
opbygget en stor stat, der sikrer et højt niveau af velfærd
til os alle sammen, og alligevel kan jeg ganske hurtigt
opstøve ganske betragtelig ulighed. Få kilometer adskil-
ler Risskov præget af velstand og Gellerup mærket af
arbejdsløshed – men både i Risskov og Gellerup har de
adgang til den samme velfærd. Så hvorfor er der egentlig
stadigvæk ulighed i Danmark?

MONEY, MONEY, MONEY

På trods af den korte afstand mellem Gellerup og Risskov er det to forskellige verdener. Gellerupplanen består af en række store lejlighedsbyggerier, primært i beton, opført i sidste del af 1960'erne og starten af 1970'erne. Gennem årene har Aarhus Kommune og boligforeningen forsøgt at renovere facaderne og udearealerne, men det hele virker nu alligevel lidt trøsteløst, som den slags næsten altid gør.

Risskov består mest af ældre villaer, ofte meget hyggelige at se på udefra med velplejede haver og en Audi eller to i carporten. Det er ét af de mest eftertragtede kvarterer i Danmark med skyhøje huspriser.

Økonomer i tænketanken AE Rådet har regnet sig frem til, at den gennemsnitlige husstand i Risskov tjener 3,3 gange mere om året end den gennemsnitlige husstand i Gellerup. Efter skat. Det er en forskel, der er til at tage at føle på. Det er faktisk også danmarksrekord, selv om København, Odense og Aalborg rummer tilsvarende skel. Mindre byer rummer ikke overraskende mindre forskelle, fordi beboerne ganske enkelt er mere ens.

Der er ikke kun store forskelle inden for de enkelte byer og kommuner. Også imellem dem kan vi dokumentere en veritabel kløft, fra de mest til de mindst velhavende egne af landet. Husstande i Gentofte, Rudersdal og Hørsholm har en gennemsnitlig indkomst efter skat, der er omtrent dobbelt så høj som den på Langeland, Lolland og Bornholm.

Det geografiske mønster er tydeligt. De rigeste

kommuner ligger i Nordsjælland og Østjylland, mens de fattigste ligger i Udkantsdanmark. Eller hvad der lidt uvenligt er blevet døbt Den Rådne Banan, dvs. Nord-, Vest- og Sønderjylland samt store dele af Fyn, det sydlige Sjælland og Bornholm.

Alle borgere i Gentofte eller Rudersdal tjener selvfølgelig ikke mere end landsgennemsnittet. Men tendensen er klar. Dem med de gode jobs og høje lønninger – læger, advokater, ingeniører og så videre – samler sig nogle forholdsvis få steder. Og de gør det i endnu højere grad end for bare 20-30 år siden. Siden 1985 er den gennemsnitlige husstandsindkomst efter skat steget med hele 127,8 % i Gentofte mod blot 36,8 % i Brøndby. Vi er alle blevet rigere, men nogle af os har tydeligvis fået mere ud af festen end andre.

Hvis vi ser på hele den danske befolkning, viser det sig, at den fattigste tiendedel tjener 3,6 % af alle indkomster. Den rigeste tiendedel har nok et bredere smil på læberne, når de tjekker deres netbank. De hjemtager hele 22,5 % af alle indkomster. Tallene er igen opgjort efter skat, og igen kan vi se en stigende tendens i forhold til 1985. Dengang tjente de fattigste 4,2 % af alle indtægter, mens de rigeste måtte nøjes med 17,9 %.

Skævvridningen bliver endnu mere markant, hvis vi ser på danskernes formuer, altså værdien af deres hus, bankindestående, pensionsopsparinger, aktier og lignende. I den statistik ejer den rigeste tiendedel hele 48 % af al formue i Danmark. Fraregner vi pensionsopsparinger, bliver billedet endnu mere skævt. Nu sidder den rigeste tiendedel nemlig på næsten to tredjedele af flæsket.

HELT TIL GRIN

Hvis du vil ødelægge den gode stemning til et middagsselskab, og ikke har lyst til at slå en prut midt i maden, skal du bare begynde at tale om fattigdom. Allerbedst vil det være, hvis du på forhånd kender din værts politiske holdninger.

Er vedkommende borgerlig, bør du udbryde med forargelse i stemmen: "Jeg synes simpelthen, det er *så* forfærdeligt, at vi har så mange fattige i Danmark". Modsat hvis din vært er venstreorienteret. Vris da i stedet vredt: "Der findes slet ikke fattigdom i Danmark. De arbejdsløse lever et liv på første klasse!".

Vi lader os nemt ophidse, fordi vi ikke er enige om, hvornår et menneske lever i fattigdom. Fattigdom kommer nemlig i flere varianter. Der er *absolut* fattigdom, og så er der *relativ* fattigdom. Hvis en person lever i absolut fattigdom, er han eller hun så fattig, at der ikke er råd til helt basale fornødenheder såsom mad, rent drikkevand, tøj og husly. Hvis en person derimod lever i relativ fattigdom, så forslår pengene ikke til at opretholde en værdig livsstil på lige fod med resten af befolkningen.

Det er klart, at den absolutte fattigdom i Danmark er meget begrænset. Så vidt vides, dør ingen af sult her til lands, og praktisk talt alle borgere har et sted at bo. I 2015 opgjorde forskningscenteret SFI antallet af hjemløse til 6.138, eller hvad der svarer til omkring 0,1 % af befolkningen. Uanset at hjemløshed er forfærdeligt for det enkelte menneske – og ofte er forbundet med både psykisk sygdom og misbrugsproblemer – så er det et begrænset problem i et samfundsperspektiv.

Relativ fattigdom er straks mere vanskelig at definere. For hvordan måler vi noget så flyvsk som en værdig livsstil? Ikke desto mindre fik Danmark på initiativ af social- og integrationsminister Karen Hækkerup i 2013 en officiel fattigdomsgrænse. Fattigdomsgrænsen var 103.200 kroner for en husstand med en enkelt person. Det svarer til 8.600 kroner om måneden.

De fleste af os ville have det svært ved at betale husleje og andre faste udgifter som mad, el, vand, varme og forsikringer med blot 8.600 kroner til rådighed om måneden. Og vi ville under ingen omstændigheder have råd til luksus. Intet abonnement på Politiken, ingen middage ude i byen eller skiferie i uge 7.

Men hvor mange danskere lever så under fattigdomsgrænsen? Den officielle fattigdomsgrænse tæller kun de borgere med, der har tjent under 103.200 kroner om året i mindst tre år i træk, som bor i en husstand med en formue under 100.000 kroner, og som ikke er studerende. På den baggrund viser økonomernes beregninger, at der er rundt regnet 40.000 fattige i Danmark. En ganske stor gruppe – ikke mindst når vi tager Danmarks ry som verdensmester i velfærd i betragtning.

Den officielle fattigdomsgrænse udløste en masse debat, da Karen Hækkerup fik den vedtaget. Joachim B. Olsen fra Liberal Alliance udtalte for eksempel, at fattigdomsgrænsen var "helt til grin". Da Venstre overtog regeringsmagten i 2015, afskaffede partiet den da også igen. I dag findes der altså ikke længere officielt fattige i Danmark.

Mange danskere kunne ikke lide den officielle fattigdomsgrænse, fordi den signalerede, at alle danskere burde have adgang til de nøjagtig samme muligheder. Som om velfærden skulle serveres i præcise millimetermål. Men er du fattig, fordi du ikke kan deltage i det danske foreningsliv, eje en bil eller komme på ferie?

Det kan ingen af os give et objektivt svar på. Vi vil altid danne vores mening ud fra vores politiske overbevisning. Det er derfor, at 'fattigdom' er så god til at ødelægge den gode stemning ved middagsselskabet. Hvis man altså har lyst til det.

FREMAD, OPAD!

Vi kan ikke benægte, at nogle danskere har flere penge end andre, endda mange flere. Men har det nogen betydning for den måde, vi kan leve vores liv på? Ud over den lidt banale betragtning, at nogle mennesker kan bo i eftertragtede kvarterer som Risskov, Frederiksberg eller Gentofte og kører i en ny BMW i stedet for en gammel Skoda. Den forskel er indlysende nok, men langt vigtigere er det, om forældrenes baggrund påvirker deres børns fremtidsmuligheder? Det korte svar er: Ja!

Der er intet selvindlysende ved det svar. Den danske velfærdsstat er jo netop designet, så alle får de samme muligheder for at uddanne sig og finde et job, som passer

til deres evner. Men den danske velfærdsstat er faktisk
overraskende dårlig til at bryde den sociale arv.

37 % af alle de 15-16-årige, hvis forældre i midten
af 1990'erne var uden job det meste af året, havde ti år
senere ingen anden uddannelse end folkeskolen. Unge,
hvis forældre har et arbejde, har langt større sandsynlig-
hed for at færdiggøre en uddannelse, men også her er der
klasseforskelle. Overlægens søn får langt oftere en uddan-
nelse end sosu-assistentens datter. Og hans uddannelse
giver tilmed næsten altid adgang til en høj løn og et langt
arbejdsliv.

Hvis sosu-assistentens datter bliver uddannet til
salgsassistent og får arbejde i en butik, kan hun se frem
til at tjene 13 millioner kroner efter skat, indtil hun skal
på pension. Hvis hun bliver uddannet som pædagog i
stedet for, lyder resultatet på stort set det samme, 13,2
millioner kroner. Det lyder som en ordentlig pose penge,
men blegner sammenlignet med overlægens søn, der i
mellemtiden er blevet civilingeniør. Det kaster 24,5 mil-
lioner kroner af sig. Hvis han vælger at følge i farmands
fodspor, kan han se frem til hele 31 millioner kroner.

Nu hverken kan eller bør vi gøre alting op i penge,
men så store forskelle er alligevel værd at bemærke.
Danskere med en lang uddannelse tjener ikke bare mere
end dem med kortere uddannelse. De er også længere
tid på arbejdsmarkedet. Den gennemsnitlige længde af
en pædagogs arbejdsliv er 32,5 år, mens den for lægen er
38,7 år. En ufaglært er kun på arbejdsmarkedet 22,3 år,
hvilket dækker over to forhold. Dels får mange ufaglærte

aldrig rigtig solid tilknytning til arbejdsmarkedet, dels går de, der rent faktisk har et fast job, oftere på førtidspension eller efterløn end resten af befolkningen.

Selvfølgelig klarer masser af unge sig bedre end deres sociale baggrund ville forudsige, og mange ender på den grønne gren uden en fin uddannelse. Danmark er jo et *land of opportunities* sammenlignet med de fleste andre steder i verden. Tænk bare på Lars Larsen, som stammer fra endog særdeles beskedne kår i Thy, og som aldrig fik en gymnasie- eller universitetsuddannelse. Men det ændrer ikke ved, at det vigtigste valg, de fleste af os kommer til at træffe i vores liv, er, hvem mor og far skal være.

HVAD SYNES DU SELV?

Når jeg siger, at Danmark er et lige land, mener jeg i virkeligheden: Danmark er mere lige end de fleste andre lande i verden. Det er altså kun i forhold til resten af verden, at vi kan tillade os at tale om Danmark som 'lige'. Denne relative lighed er et resultat af vores store velfærdsstat, som sikrer, at der trods alt er grænser for, hvor langt ned på bunden arbejdsløse og andre mennesker med problemer synker. Men velfærdsstaten skaber altså ikke fuldstændig lighed, faktisk så langtfra.

Er det så et problem, denne ulighed? Det er langt hen ad vejen et moralsk spørgsmål. Mange venstreorienterede politikere mener, at det er moralsk forkert at byde mennesker så forskellige livsvilkår, ofte blot fordi de blev født ind i en bestemt familie. De fleste borgerlige politikere mener til gengæld, at vi må tage ansvar for vores egen skæbne. Hvis du kan undskylde dig med din familiebaggrund, bliver det en sovepude. Ja, din opvækst var uheldig, men det er *dit* liv.

Begge standpunkter er baseret på moralske principper, som hver især vil have sine tilhængere. Det er derfor, vi aldrig kan nå frem til et endegyldigt svar på, om vi her i Danmark bør kaste endnu flere penge efter velfærd for at kunne reducere uligheden yderligere – eller måske bevæge os den modsatte vej mod mindre velfærd og større ulighed. Jeg og mine kollegaer kan i hvert fald ikke give noget endeligt svar. Politikerne må i stedet tage udgangspunkt i, hvad danskerne fra folketingsvalg til folketingsvalg mener, er rigtigt eller forkert.

Af samme grund har de vigtigste begivenheder herhjemme ikke været den strøm af nye informationer om stigende ulighed og ringe livsvilkår, som store dele af befolkningen lever under. Det er abstrakt og teknisk. Nej, de vigtigste begivenheder har "Dovne-Robert" og "Fattig-Carina" stået for.

Fattig-Carina blev verdensberømt i 2011, da hun lagde sin økonomi åbent frem i Aftenshowet på DR1. Knap 16.000 kroner havde kontanthjælpsmodtageren Carina at rutte med om måneden. Når de faste udgifter var betalt, var der 5.000 kroner tilbage til Carina og hendes søn. Beløbets størrelse faldt mange liberale meningsdannere for brystet. Modsat mente både Carina selv og SF-politikeren Özlem Cekic, at Carina vitterlig var fattig, altså ikke absolut fattig, men ude af stand til at opretholde en værdig livsstil for hende selv og sin søn.

16.000 kroner til en mor og søn er ikke nogen herregård, når Carina både skulle betale husleje og fodboldkontingent til sønnen. Omvendt var "Fattig-Carina" klart over Karen Hækkerups officielle fattigdomsgrænse. Målt efter den målestok var Carina ikke fattig. Uanset om Carina nu faktisk var fattig eller ej, så skabte sagen et indtryk i befolkningen af, at kontanthjælpsmodtagere er forkælede, og at velfærdssystemet er for generøst.

Et år efter "Fattig-Carina" trådte "Dovne-Robert" i september 2012 frem på scenen. I et interview med journalisten Jacob Rosenkrands fortalte han på DR2, hvordan han har "et valg på jobcentret; skal jeg tage et lortejob i McDonald's til 100 kroner i timen, eller vil jeg fortsætte på kontanthjælp? Og så er det jeg siger, at det job er så ringe, at så vil jeg hellere være på kontanthjælp, ellers må samfundet komme med et tilbud, der modsvarer de evner og kræfter, jeg har".

Nogle tv-seere kunne måske komme i tvivl om, hvorvidt Roberts evner nu også var noget at råbe hurra for efter tre uafsluttede universitetsuddannelser, men det mente Robert altså selv. Igen udbrød der ramaskrig. Joachim B. Olsen udtalte blandt andet: "Det er en krænkelse af alle de mennesker, der står op og tager alle de job, som Robert ikke vil have, og som skal arbejde mere og betale højere skatter. Det er moralsk forkasteligt".

Jeg konkluderede i kapitel 2, at vi danskere er vilde med velfærd, fordi alle med et reelt behov får den hjælp, de har krav på. "Fattig-Carina" og "Dovne-Robert" beviste for mange hårdtarbejdende danskere, at det er nemt

at tiltuske sig velfærd uden et reelt behov, og at velfærds-
staten ligefrem hjælper dovne typer til at nasse på fælles-
skabet.

"Fattig-Carina" og "Dovne-Robert" er ikke længere
topnyheder – selv om "Dovne-Robert" faktisk nåede
at blive Årets Nyhedsord 2012. Men harmen over dem
har været med til at ændre tonen i den politiske debat
permanent. De har givet tilhængere af gennemgribende
velfærdsreformer vind i sejlene, som de tidligere kun
kunne drømme om. Kontanthjælpsmodtagere er dovne
og forkælede – nu må guleroden skiftes ud med pisken!

Et fint – om end også lidt ekstremt – eksempel på den
nye tone finder vi i Karina Pedersens *Helt ude i hampen.
Mails fra underklassen*, der skabte stor debat i efteråret
2016. I bogen beskriver Karina sin opvækst med en
arbejdsløs mor i Fredericias Korskærpark, hvor mange
andre også var på kontanthjælp og førtidspension. Ho-
vedbudskabet er, at de fattige ikke mangler penge, men
en ordentlig moral. Tag for eksempel dette uddrag:

> "Min mors førtidspension har åbnet op for et hav af
> muligheder for at stikke sin snabel ned i offentlige
> kasser … Nogle burde kigge landets førtidspensio-
> nister efter i sømmene. Mange af dem kunne have
> undgået en pension, hvis bare de havde levet et mere
> sobert liv".

De nye moralske vinde, hvor forargelse over langtidsle-
dige er blevet langt mere normalt end for blot fem-ti år si-

den, falder sammen med andre massive forandringer. De danske politikere skal i disse år trimme og tilpasse staten til at håndtere tusindvis af flygtninge, en galopperende globalisering og en tung ældrebyrde. For bare at nævne nogle af de tunge drenge på listen. Hvordan det påvirker den velfærd, vi er så glade for, skal vi se på nu.

HVORDAN SKAL DET HELE DOG GÅ?

HUMLEBIEN

Den danske velfærdsstat bliver ofte sammenlignet med en humlebi. Humlebien kan ikke flyve, den ved det bare ikke – sådan lyder anekdoten. På samme måde med velfærdsstaten: Hvorfor er den danske økonomi ikke gået til grunde under al den skat og velfærdsluksus? Der må være en hemmelig X-faktor!

En humlebi ved sikkert ikke, hvorfor den kan flyve, men det gør biologerne. Det er slet ikke et mysterium, men skyldes, at humlebiens vinger er ru og bøjelige, og at hvert vingeslag derfor skaber en ekstra stor opdrift.

På samme måde er det ikke et mysterium, hvordan Danmark i årtier er lykkedes med at kombinere velfærd med velstand og vækst. Det ved vi samfundsforskere faktisk en del om, uden at vi kan pege på et enkelt afgørende element; at kombinere vækst med velfærd kræver flere forskellige ingredienser.

Den første ingrediens er et relativt fleksibelt arbejdsmarked. Danmark er berømt for den såkaldte *flexicurity*-model. Flexicurity er en sammentrækning af de engelske ord *flexibility* og *security* og signalerer, at det danske arbejdsmarked kombinerer fleksibilitet og sikkerhed.

Virksomhederne har for eksempel stor fleksibilitet til at hyre og fyre folk, hvilket gør det nemmere at konkurrere på det internationale marked, fordi det er forholdsvist nemt at omlægge eller neddrosle produktionen. Det står i skærende kontrast til virksomhedernes vilkår i mange kontinentaleuropæiske lande, hvor det ofte er stort set umuligt at skille sig af med ansatte. Selv efter de senere års finanskrise og samfundsreformer nyder millioner af italienere, franskmænd og tyskere en jobsikkerhed, som stort set ingen danskere længere kender til.

Men hvorfor i alverden er Danmarks historisk stærke arbejderbevægelse gået med til denne fleksibilitet for virksomhederne? Svaret er selvfølgelig, at den har fået noget til gengæld. Noget for noget. Først og fremmest har fleksibiliteten været med til at sikre en sund samfundsøkonomi og dermed jobs til arbejderne. Men derudover har prisen været generøse dagpengeregler og omfattende efteruddannelsesmuligheder – betalt af staten vel at mærke.

Flexicurity-modellen er et eksempel på, hvordan velfærdsstaten kan være med til at skabe gode betingelser for erhvervslivet. Det hjælper vores uddannelsessystem også med til. Den danske stat sørger nemlig for, at alle borgere har mulighed for at tage en uddannelse. Det betyder helt banalt, at staten sikrer, at virksomhederne har adgang til kvalificeret arbejdskraft.

I for eksempel Tyskland og Italien må virksomhederne selv betale for at oplære deres nye ansatte. Fremtidige håndværkere og industriarbejdere lærer først de fleste af de grundlæggende færdigheder på selve jobbet i de to lande, mens de tekniske skoler i Danmark rent faktisk lærer dem at slå hovedet på sømmet.

Det samme gør sig gældende for akademikerne. I USA, England og Australien tager de fleste studerende kun en to-treårig bachelorgrad. Det er så op til deres første arbejdsplads at spendere tid og penge på videreuddannelse. Det er selvfølgelig også tilfældet i Danmark, men grundniveauet hos både de faglærte og akademikerne er ganske simpelt højere, når de ankommer til virksomhederne første gang.

Det danske uddannelsessystem sikrer tilmed et højere bundniveau. I USA vil de ressourcestærke forældre sende deres børn i privatskoler, hvilket får det faglige niveau i de offentlige skoler til at dale. Det medfører, at de bedste lærere foretrækker at undervise på privatskolerne, fordi de både kan tilbyde bedre lønninger og motiverede elever. Det skaber en smal, men dygtig elite og et stort bundfald af dårligt uddannede studerende.

Sammenlignet med Danmark betyder det, at de fagligt svage elever sakker endnu mere bagud, end de ville have gjort, hvis de havde haft bedre forhold. De lavt uddannede i USA er simpelthen fagligt dårligere end de lavt uddannede i Danmark. Konsekvensen er, at danske virksomheder har adgang til en relativt velkvalificeret arbejdsstyrke, selv til de knap så videnstunge jobs.

Et tredje eksempel på, hvordan velfærdsstaten kan være en medspiller snarere end en modspiller til erhvervslivet, er børnepasning. Som jeg fortalte, så udgør kvinderne en betydelig del af den danske arbejdskraft, fordi det er muligt både at have børn og passe et job. I de fleste andre lande, er det langt sværere at få tingene til at gå op for børnefamilierne. Resultatet er, at kvinderne ender med at melde sig ud af arbejdsmarkedet enten helt eller delvist.

For virksomhederne er det noget skidt, fordi gruppen af dygtige medarbejdere derfor formindskes. Meget talent bliver spildt. Lidt mere kynisk er det også noget skidt, da færre personer i arbejdsstyrken alt andet lige betyder, at virksomhederne må kæmpe hårdere om arbejdskraften, når økonomien går godt. Det kan medføre, at lønningerne stiger forholdsvist hurtigt til skade for virksomhedernes konkurrenceevne.

Børnepasning har også en anden gavnlig effekt. Forskere har dokumenteret, at børn, der har gået i børnehave, får en række sociale egenskaber, som hjælper dem senere i livet. De bliver bedre til at planlægge og kommunikere med andre mennesker og klarer sig derfor generelt bedre i skolen. Faktisk er de fleste af mine kollegaer enige om, at en af de bedste investeringer, som nogen politiker kan gøre, er at sørge for, at børnene i vuggestuer og børnehaver trives. Det har en selvstændig positiv effekt på kvaliteten af den fremtidige arbejdsstyrke.

ÆLDREBYRDE ELLER -BØLGE?

I Danmark er velfærden altså langt hen ad vejen en ven af erhvervslivet, ikke en fjende – men lad os nu ikke få armene for højt op. For et af adelsmærkerne ved den danske velfærd – at vi alle sammen har et arbejde – er under pres.

For det første bliver den danske befolkning ældre. Ifølge Danmarks Statistik stiger andelen af borgere over 60 år fra 25 % i 2016 til 29 % i 2030. Det er, hvad vi samfundsforskere kalder en markant stigning, når den indtræffer på mindre end 15 år. Og endnu værre: I samme periode bliver der færre danskere i 30-49-årsalderen, eller hvad vi også kunne kalde arbejdsmarkedets kernetropper.

Jeg holdt for et par år siden et foredrag for nogle nordmænd, hvor jeg kom til at omtale fænomenet som "ældrebyrden". Det faldt flere af tilhørerne for brystet. I Norge taler de i stedet om "ældrebølgen". De gamle er ingen byrde, fik jeg læst og påskrevet – og kunne jeg så skamme mig.

Politisk ukorrekt eller ej: De gamle koster kassen. Det skyldes ikke mindst, at de stopper med at arbejde. Pensionsalderen er ganske vist hævet flere gange af skiftende regeringer, og efterlønnen er så godt som afskaffet.

Men den grundlæggende pointe gælder fortsat; nemlig at pensionister ikke arbejder og derfor hverken er med til at skabe værdi for virksomhederne eller betale skat til staten. Ældre medborgere kræver desuden flere sygeplejere og social- og sundhedshjælpere. Flere ældre er lig med flere udgifter til velfærd.

For det andet sætter de mange arbejdsløse indvandrere og efterkommere fra ikke-vestlige lande den danske velfærd under pres. Blandt de 17-64-årige etniske danskere er 74 % i beskæftigelse, mens kun sølle 49 % af de ikke-vestlige indvandrere og 58 % ikke-vestlige andengenerationsindvandrere er det. Prisen for den lave erhvervsdeltagelse er lavere skatteindtægter og større velfærdsudgifter. Det er en af de største samfundsøkonomiske udfordringer at få flere indvandrere og deres efterkommere i arbejde.

Globaliseringen og den teknologiske udvikling mindsker også antallet af ufaglærte stillinger. Både fordi det i dag ofte er langt billigere at få industriprodukter af enhver afskygning fremstillet i Kina eller Vietnam, og fordi avancerede maskiner og robotter kan varetage de fleste manuelle arbejdsgange. Antallet af ufaglærte jobs i Danmark er allerede faldet massivt – fra i omegnen af en million i 1990 til omkring 600.000 i dag.

Og fremtiden ser dyster ud. Ifølge OECD er omkring en tredjedel af alle danske jobs i risikozonen for at blive automatiseret i fremtiden. Vi ser det allerede i det små. Havemanden får hjælp af robotplæneklipperen, mens regnskabsdamen bliver suppleret af it-systemer. Det er ikke længere ren science fiction at forestille sig, at robotter om 10-15 år vil kunne varetage det meste rengøringsarbejde, eller at busserne kører uden en chauffør.

Nu er det naturligvis meget svært at forudsige teknologiske forandringer præcist, og vi mennesker har også en tendens til at lade os skræmme af fremtiden, hvis den virker usikker. Men alligevel: Selv hvis bare 10 % af arbejdsstyrken bliver overflødiggjort, er der tale om en voldsom ændring. Ikke mindst fordi det nok en gang alt andet lige vil gå hårdere ud over de ufaglærte. Det er en gruppe, som kan være svær at omskole til nye, mere krævende jobs.

Alle disse elendigheder truer ikke bare økonomien, men også befolkningens villighed til at finansiere den fælles velfærd. En universel velfærdsstat som den danske er afhængig af, at de fleste arbejder. Det er det arbejdende folk, der skaber værdierne og betaler skatterne. Når for mange borgere frivilligt eller ufrivilligt melder sig ud af arbejdsstyrken, truer de velfærdsstatens grundlæggende sammenhængskraft. Vi er alle i samme båd – men nogle af os sidder ved årerne og ror, mens andre driver den af under solsejlet.

Hvis "Fattig-Carina" og "Dovne-Robert" har lært os noget, er det, at vi danskere ikke bryder os om nassere, og hvis velfærdsstaten tilskynder til dovenskab, vil mange nok mene, at det er tid til forandring. Folkets dom er særlig hård over indvandrere og deres efterkommere. For det første mener mange gammeldanskere, at nydanskerne rent faktisk ikke har bidraget ret meget til at skabe velfærden. For det andet viser det sig i flere undersøgelser, at mange danskere blander deres holdning til velfærd sammen med deres mening om indvandrere generelt.

Derfor ligger en bestemt konklusion ligefor: Velfærden til de nye danskere skal være mindre generøs end til etniske danskere. Et nyt studie af min kollega Christian Albrekt Larsen viser da også, at et stigende flertal af befolkningen mener, at indvandrere og deres efterkommere skal have mindre velfærd end os andre.

VELFÆRDSSTATEN, VERSION 2.0

Man siger, at det er svært at spå – især om fremtiden.
Det hjælper dog, hvis fremtiden allerede er i gang med at
udfolde sig for øjnene af én. Så vidt jeg kan bedømme, er
vi på vej mod en velfærdsstat, version 2.0.

Jeg har lige sammenlignet den danske velfærdsstat
med en båd, hvor hele den danske befolkning sidder sam-
men. Ideelt set hjælper vi alle til med at ro, men på skift.
Børnene og de gamle slipper, men kun fordi alle lægger
kræfter i midt i livet. Lykke og harmoni – og vi sejler op
ad åen. Men når flere og flere borgere overhovedet ikke
griber fat om årerne, bryder de også bådens – eller rettere
samfundets – sociale kontrakt. Det går ikke, men løsnin-
gen er simpel: Hver mand for sig selv – i hver sin jolle.

Det er den udvikling, de danske politikere skubber
på i disse år. Vi går fra alle at være i samme båd til lige så
stille at bygge forskellige både til forskellige samfunds-
grupper.

To forskellige processer er altså i gang. Den ene be-
står i at gøre velfærden til de arbejdsløse mindre generøs,
den anden i at indføre flere forsikringselementer. Vi tager
processerne én ad gangen.

I 2010 lavede Lars Løkke Rasmussens første rege-
ring en dagpengereform, der forringede vilkårene for
de arbejdsløse, som er medlem af en a-kasse. Alle de
borgerlige partier samt Det Radikale Venstre stemte for
ændringen. I stedet for fire år kunne de arbejdsløse nu
kun få dagpenge i to år. Og havde de opbrugt de to års
dagpenge, skulle de arbejde 52 uger for at genoptjene

retten til dagpenge på ny. Tidligere havde kravet været 26 ugers arbejde.

Der kom megen ballade ud af dagpengereformen, fordi Det Radikale Venstre tvang Helle Thorning-Schmidts Socialdemokrati og Villy Søvndals SF til at acceptere forringelserne, da de tre partier gik i regering sammen i 2011. Det var prisen for regeringsmagten. Efterfølgende er der kommet flere justeringer, og i 2015 kom der et nyt forlig, der dog ikke pillede ved hovedpunkterne.

Er de arbejdsløse ikke medlem af en a-kasse, eller er dagpengene udløbet, kan de få kontanthjælp. Kontanthjælpen er lavere end dagpengene, og de arbejdsløse kan kun få kontanthjælp, hvis de ikke har nogen formue og for eksempel ikke ejer et sommerhus, som de kan sælge og leve af i stedet for. Er de gift, trækker socialrådgiveren ægtefællens indkomst fra i kontanthjælpen krone for krone. Derfor har mange arbejdsløse slet ikke ret til nogen kontanthjælp overhovedet, fordi ægtefællens indkomst er større end kontanthjælpen.

Ligesom dagpengene er kontanthjælpen også gjort mindre generøs de seneste år. I 2016 indførte Lars Løkke Rasmussens anden regering for eksempel et såkaldt kontanthjælpsloft: Nu kan en kontanthjælpsmodtager ikke modtage mere end et bestemt samlet beløb fra det offentlige.

Kontanthjælpsmodtagere med børn fik inden loftet for eksempel tilskud til vuggestue og børnehave, hvilket kunne gøre deres samlede indkomst relativt høj. For enlige forsørgere med et eller flere børn er loftet nu sat ved lidt over 15.000 kroner. Af det beløb skal de så betale skat, husleje og så videre.

Økonomerne i AE Rådet har anslået, at omkring 30.000 personer mistede en del af de penge, de plejede at få fra det offentlige, så de kommer ned under kontanthjælpsloftet. 34.000 børn bor i familier, som er påvirket af kontanthjælpsloftet.

Ifølge Karen Hækkerups nu afskaffede fattigdomsgrænse betyder det, at omtrent 16.000 danske borgere er blevet fattige på grund af kontanthjælpsloftet, heraf 11.000 børn. Det er uforholdsmæssigt mange børn, der bliver ramt, men det skyldes, at kontanthjælpsloftet i særlig grad begrænser enlige forsørgeres mulighed for at få forskellige tilskud.

Samtidig med kontanthjælpsloftet har Lars Løkke Rasmussens anden regering lavet flere andre regler, der alle trækker i samme retning. For eksempel skal kontanthjælpsmodtagere arbejde 225 timer i løbet af et år. Hvis ikke, reducerer det offentlige kontanthjælpen. Integrationsydelsen betyder, at arbejdsløse ikke kan få den fulde kontanthjælp, hvis de har opholdt sig i Danmark i mindre end syv ud af de seneste otte år.

Ved hjælp af kontanthjælpsloftet, 225-timersreglen og integrationsydelsen har politikerne gjort det mere attraktivt at finde et arbejde. For mange arbejdsløse kan det måske være det faste, men kærlige puf, der skal til for at komme i gang. Men der vil uvægerligt være borgere, som ikke evner at slå til – på grund af psykiske problemer, manglende sprogkundskaber, for ringe faglige evner eller noget helt fjerde. For dem betyder ordningerne en markant forværret situation, som de med en vis sandsynlighed aldrig slipper ud af.

I min spåkugle ser jeg ikke noget tegn i sol og måne på, at politikerne vil opbløde de stramme regler væsentligt. Bevares, partier på venstrefløjen kæmper for sagen, men nogen større tilbagerulning? Nej. Tværtimod faktisk.

Ikke mindst når det gælder kontanthjælpen, for det er ikke nogen hemmelighed, at indvandrerne og deres efterkommere er massivt overrepræsenteret. De fleste danskere har det helt fint med at gøre livet lidt mere surt for denne befolkningsgruppe.

Og ved at stramme båndet om nydanskerne, frigør politikerne penge, som de kan bruge på flere behageligheder til deres kernevælgere. Det kan være skattelettelser, supersygehuse eller flere varme hænder til de ældre. Kontanthjælpsloftet og 225-timersreglen sparer for eksempel staten for rundt regnet 500 millioner kroner om året, en ganske betydelig sum. Og jeg kan sagtens forestille mig, at fremtidens politikere også kunne blive fristede til at hente flere nemme penge fra de upopulære borgeres konto.

Og så vender vi os mod den anden proces, den med mere privat velfærdsforsikring. Basalt set dækker det over, at den enkelte borger sparer op eller forsikrer sig selv uden om fælleskassen.

Det vigtigste eksempel på et nyt forsikringselement er arbejdsmarkedspensionerne. De er faktisk blevet en afgørende hjørnesten i hele den danske velfærdsstat. Arbejdsmarkedspensionerne blev opfundet i 1989 og er gradvist blevet udvidet siden da. I dag har rigtigt mange lønmodtagere en arbejdsmarkedspension; selv indbetaler jeg 17,1 % af min løn til min arbejdsmarkedspension. Eller rettere: Jeg gør ingenting, alt foregår automatisk, og jeg har faktisk slet ikke mulighed for at sige fra.

Arbejdsmarkedspensionerne er en stor styrke for den danske velfærd. Folkepensionen er ret lille, maksimalt cirka 12.000 kroner per måned, så uden et supplement oplever mange ældre en pensionisttilværelse på discount-niveau. Men der er en sideeffekt. Direktører, overlæger og advokater sparer automatisk mere op hen over et langt arbejdsliv end sosu-assistenter og pædagoger og andre med en lav indkomst. 17,1 % af en høj løn er mere end 17,1 % af en lav løn. Det betyder, at arbejdsmarkedets økonomiske ulighed afspejler sig i alderdommens velfærd.

På sundhedsområdet er antallet af private forsikringer også steget. I 2002 indførte Venstres statsminister Anders Fogh Rasmussen et skattefradrag, som gjorde det en del billigere at få en privat sundhedsforsikring. Det medførte en sand eksplosion: Fra nogle få tusind danskere med private forsikringer til 1,5 millioner i 2012, hvor Helle Thorning-Schmidt fjernede fradraget igen. Modsat hvad mange økonomer regnede med, fortsatte danskerne med at tegne private forsikringer. I skrivende stund har antallet nået hele to millioner.

Fremvæksten af private sundhedsforsikringer er

bemærkelsesværdigt. Den medfører, at en stor gruppe danskere har mulighed for at blive undersøgt og behandlet hurtigere end resten af befolkningen. Det er der intet moralsk forkert i, men resultatet er ikke desto mindre, at der er opstået et A- og B-hold med vidt forskellig adgang til velfærd og service.

Intet tyder på, at tendensen vil stoppe i den nærmeste fremtid. Naturligvis vil vi nå et punkt inden alt for længe, hvor antallet af forsikrede ikke vil stige mere. Men så vil de private forsikringstagere blot fokusere mere entydigt på kvaliteten og kræve flere og dyrere typer undersøgelser og behandlinger inkluderet. Og dermed skævvrides forskellen mellem den private og offentlige velfærd endnu mere.

I samme boldgade som arbejdsmarkedspensioner og sundhedsforsikringer er det øgede antal elever i privatskolerne. Flere og flere ressourcestærke forældre vælger folkeskolen fra og privatskolerne til. På bare fem år fra 2011 til 2016 er antallet af 0.-10.-klasseselever i privatskolerne steget med mere end ti tusind, samtidig med at det samlede antal skoleelever er faldet med omtrent fem tusind. Samlet set tegner det et fremtidsscenarium, hvor de fælles ordninger i højere grad bliver opsamlingsstedet for dem, der ikke har mulighederne for at forsikre sig eller sende deres børn i privatskole.

De to processer tilsammen kan ikke udgå at skabe mere ulighed i den velfærd, vi hver især kan få adgang til. Til gengæld er rygterne om velfærdsstatens død stærkt overdrevne. Vi bakker fortsat og meget solidt op om sundhedsvæsenet, ældreplejen, uddannelsessystemet og børnepasningen. Vi vil bare ikke dele velfærden med andre end dem, der ligner os. Og vi vil heller ikke betale for andet end den velfærd, vi selv bruger eller kan forestille os at få behov for.

Den danske stat er uden tvivl i gang med at ændre sig i forhold til den velfærd, den leverer og sikrer. Velfærden bliver målrettet middelklassen i endnu højere grad end tidligere. De lavt uddannede, de marginaliserede, indvandrerne og deres efterkommere vil i fremtiden få mindre velfærd, end de plejede. Til glæde for middelklassen.

Danmark vil altså uden tvivl fortsat levere velfærd på første klasse – bare ikke til os alle.